eof

Eric Giebel, 1965 in Pirmasens geboren, Berufsausbildung zum Schreiner, Studium der Architektur, lebt in Darmstadt, arbeitet als Schriftsteller, Blogger, Librettist und Übersetzer. Mehrere Publikationen, als Übersetzer (in Zusammenarbeit mit Eva Bourke) Moya Cannon: *A Private Country* / *Ein privates Land.* Gedichte. edition offenes feld, Dortmund 2017. Literaturblog: www.vitabuvingi.de

Eric Giebel

Sandkorn

edition offenes feld

© edition offenes feld, Dortmund 2022

www.offenesfeld.de

© Eric Giebel

Satz & Layout: Studio Z16

Herstellung und Verlag: BoD – Books on Demand, Norderstedt

ISBN: 9783756213658

Sandkorn

Entscheidend ist darum nicht so sehr die Tatsache, daß man sich heimatlos und fremd in seiner Heimat fühlt. Viel wichtiger ist es, wie und auf welche Weise man sich heimatlos und fremd in seiner Heimat fühlt.

Hans-Ulrich Treichel

In vieler Hinsicht lässt sich das Heimische, jener von uns so oft beschworene Ort des Anfangs unserer eigenen Geschichte, sogar als die ursprüngliche Keimzelle unseres Fremdseins in der Welt verstehen.

Daniel Schreiber

Verlorenheit 1

In der Arvenstube

für Angelika Overath

Drei Sommer vergingen, bevor ich
jenen holzgetäfelten Raum erneut betrat,
in dem ich über die Randulins, Nachfahren
Engadiner Emigranten, die schwalbengleich stets
zurückkehren, im *Senter Tagebuch* gelesen hatte.

Sonnige Oktobertage, sie beginnen in der Frühe
mit dem Zurückschlagen einer fremden Bettdecke.
Die Kälte kommt barfuß mit den ersten Schritten
des Tages, mit dem Terrazzoboden in Bad und Küche.
Das Pfeifen eines Wasserkessels und über den Bergen
das Licht eines Herbstes, das den Schnee nicht leugnet.
Bald, sagt es. Ja, sehr bald. Eine Teetasse wärmt
meine Finger, die über Nacht ungelenk geworden.

16.10.

ich setze drei stubenfliegen aus dem raum zwischen wärme
und frost ins freie, flügel des kastenfensters, die steinerne bank.
sterben sollen sie nicht in einem gefangenen raum. ihr kampf
um beweglichkeit, um die kraft, ihren körper zu kontrollieren.

17.10.

am morgen erneut drei fliegen ins freie gesetzt. letztes
aufraffen, ein letztes strecken der glieder. das geräusch
der flügel, ein summender ton, kreiselnde insektenkörper
in rückenlage. die luft ist kalt. der himmel ist blau.

18.10.

stubenfliegentod. es hat heute nacht heruntergeschneit.
ich zähle die tiere in den kästen, hier fünf, dort neun.
siebenundzwanzig insgesamt. ein knäuel gekrümmter
fliegenbeine und funktionsloser, transparenter flügel.

Flügel, an die ich mich klammere, mit denen
ich aufsteige in die Luft, Passagier meiner Alpträume.
Meine geschnürten Schuhe nicht zu verlieren,
nur daran kann ich denken, nicht den Boden
unter den Füßen entzogen zu bekommen.
Eine neue Destination, eine sehr alte Angst.

Sie hockt nicht in wärmenden Wohnstuben,
sie verliert ihre Zeit nicht an Heimatliches.
Die Schwalbe nutzt ihre Flügel für Langstrecken,
zieht dorthin, wo die Beute vielversprechend.

Ich gehe ins Dorf, kaufe im Laden Brot und Käse.
Mir bleibt nicht viel. Die Entfernung nimmt zu.

Bevor ich in jenen holzgetäfelten Raum zurückkehre,
werden drei Jahre vergehen.

Frühstück mit zwei Sehnsuchtsorten

Zornigen Schritts verlor ich die Romantik. Das Spiel des Windes mit den Jungbuchen, hölzern. Dumpfer Stockkampf in Wipfeln. Über allen ist niemals Ruh. Die aufgeschlämmte Kreide. Kalkalgen. Kieselfinger. In Schnee und Gischt versickerten kalte Kieselhände.

Lichtspiele im Meer, Arbeit der Scheibenwischergräser. Meine Spuren, die ich sicher glaubte, Brotkrumenpfad, pulverisiert. Den Rückweg wiesen leere Fruchtbecher, abgegangene Stämme von der Bruchkante Formation, Erosion. Das gewundene Rückgrat. Absprung. Uferlast.

Komm Tochter, komm geschwind zu mir!
Ich will dir einen Zopf flechten. In Gezeiten
teilen meine erschöpften Hände deine Haare.

Ich flechte dir das Schweigen und die Zähigkeit.
Die Inbrunst des Rostes, abgeplatzte Betonblüten.
Frierst du unter der Haut? Wir sind Abgewickelte!

Du redest Menschenfleisch. Den Ekel verschlucke
ich, meine Hände haben es sortiert wie Sprache,
dicke Kiesschichten, tote Knochenfilter. Tonlos.

Geh Tochter, geh jetzt schnell aus dem Haus!
Erlerne zunächst das Sieden deiner Herkunft.
Verbrenne dich nicht am Ortsrand deiner Väter.

Die Augen täuschen sich, weißer Horizont verschluckt
mein Wortrepertoire. Ich bin Zeuge der Umwandlung
von Wasser zu dickem Eis. Schicht am Ufer. Das Ende
der immer gleichen Brandung nimmt mir den Atem.
Darin verborgen die Stille, der Zauber und Schönheit.

Heute hat mich die Natur in die Lehre. Stopp. Genommen.
Stopp. Ich zitiere, ich zittere: Lieblingsworte unbrauchbar.
Eine mathematische Formel beschreibt Verschiebungen
der frostigen Ufertektonik? Das trotzige Kind besteht
auf Staunen und Poesie. Gleichgewichte fallen lautlos.

Annäherung wäre ein steiniger Strandgang, Fälschung
ein verwerflicher. Körpertemperaturen sind eine Gnade!
Behauptung auf Behauptung. Es fehlt erstens der Beweis,
zweitens der Mehrwert. Die Möwe im Wind zählt weiter.
Kitsch tropft vom Himmel auf einen Kadaver, Textkörper.

Verlorenheit 2

Rzetnia

Beim Aufwachen legt sich ein Satz in die Schnitt-
wunde meines Gesichts und bleibt am Blut haften.

Palmes, geh mit Gott,
geh mit den Gesetzen
und geh mit der Liebe.

Die Wunde rührt vom Versuch des Vortags her,
die unterschiedliche Wurzeln meiner Bartborsten,
die grauen, die weißen, die roten und die braunen,
zu sensen, abzulängen auf das einheitliche Maß
der Gegenwart: Jetzt stehe ich vor dem Spiegel.
Rekonstruiert sich Geschichte in Verletzungen?

Warum die Mutter ihren Sohn Petrus Palmes ruft,
werde ich nicht erfahren: ungeklärte Gewissheit.

Jetzt ist Erntezeit. Das Getreide wird eingebracht.
Und einer wird schließlich zum Bäcker geschickt,
Bułki zu holen, kleine, goldene Früchte am Ende
einer langen Reihe harter, körperlicher Mühsal.

Benennen kann ich die bäuerlichen Gerätschaften
nicht, Sense, ja, Mähdrescher, ja: Dazwischen liegt
die Industrialisierung mit vergessenem Vokabular,
Feldweisheiten, umgepflügt und wieder umgepflügt.

Palmes, von dessen Existenz ich weiß, geboren
am 13. Juli 1858, Hochzeit am 14. Juni 1886,
wird eines Tages von seiner Mutter gerufen:

Dein Glück such jenseits der Schildberger Hügel,
sagt sie, sagt: *Wzgórza Ostrzeszowskie.* Und sagt:
Geh deinen Weg und bleibe aufrecht, mein Sohn!

So sagt es die Frau namens Johanna Kazmierczak, geborene Czekala, sagt es bestimmt, voller Liebe, sagt es, als sei Palmes ihr einziger Sohn. Zurecht dürfen wir aber davon ausgehen: Palmes musste um die Zuneigung und Anerkennung der Mutter jeden Tag mit Brüdern und Schwestern kämpfen.

Das Familiengedächtnis erinnert sich ungenau an einen jüngeren Bruder, Wanderprediger sei er wohl gewesen, mehr sagt meine Mutter nicht.

Wortfetzen, weitergetragen an Sonntagen vielleicht aus feierlichen Satzfolgen aufgelesen und eingepackt, bei Familienzusammenkünften, am Tisch, wo auch die Leerstellen, die Geheimnisse, versehentlich ausgeplaudert, ohne Böswilligkeit.

Palmes wird noch einmal zu seinem Lieblingsplatz
gegangen sein, den Hügel hoch, steht er und blickt
in die Landschaft, steht dort, wo ich heute stehe
und die Wege auf der Wanderkarte anstarre, als
könne ich seinen Fortgang dadurch verstehen.
Er hebt den Blick auf das große Kreuz, so wie es tue.
Die Videoüberwachung hat uns im Blick.
Im Archiv werden Beweise gesammelt und auch ich
könnte meine Schnappschüsse in die Cloud legen:

Ach, die polnischen Wolken reichen bis zum Erdboden!

Palmes geht los, wandert bis zur nächsten Bahnstation,
geht nicht wie in meiner durch die deutsche Romantik
verklärten Sicht Hunderte von Kilometern zu Fuß, auch
geht er nicht allein, Züge voller Menschen, 16-jährige
Bauernlümmel, die der Armut entgehen und ihr Glück
im Geiseltal und in anderen Industriemolochen suchen.

Preußen ist nun das Zweite Deutsche Reich, ein Drittes
liegt ungeboren im Leib Europas. Hier gründet Palmes
zwei Familien. Die Anzahl seiner Nachkommen ist groß.
Umfasst mich, wie ich eine geträumte Phrase umfasse
und in meine Wirklichkeit einbaue. Die Wunde heilt.

Insel, verlorenes Wasser

Ach der Rhein. Kein Fluß
der Erkenntnis.
Werner Dürrson

Die Blickrichtung gegen den Strom,
Widerstände eines kleines Kindes:
Zur Quelle, zur Quelle, mich laben
am Rinnsal. Nicht das Meer, nicht
der schnelle Weg, in der Gesellschaft
der Wellen und Strudel nicht untergehen.

Auf den Anbeginn blicken, des Wassers
Kreislauf, träume mich als Fels, bin doch
ein Sediment, Korn nur, weggetragen und
später wieder angeschwemmt, so wie Tote
Löcher reißen in das Dorf, das die Beine
spreizt, um neuen Samen zu empfangen.

Die Nachen sind verschwunden, morsche
Planken liegen im Wasser und bespielen
flüchtig Nostalgie. Graswerth, kein Ruheplatz
für Vögel, die weiterziehen. Migration, Brut.
Der Lärm der Brücke, stetes Brummen, Auftrieb
der Fracht entlang der Trassen, just in time.

Ich soll Wurzeln haben, in dieser Erde?
Der Bauer dengelt seine Sense und
schneidet mich ab. An einer Weggabelung
bleibe ich unbeachtet liegen. Vorerst,
für diesen kleinen Moment Wahrheit:
Vorsicht, hier werden Väter gestohlen!

Die Kirschen, rote, aufrechte Namen,
abgeschrieben aus dem Heimatbuch,
denn Steinobst hat kein Gedächtnis,
entkernt oder schnell ausgespuckt:
Büttner, Kaiser Franz, Geisepittersch,
Lorenze, Keglersch, Helle Herz, Jabuly.

Kleine Kinderschritte zur Südspitze,
frohlockend in ihrer Taktlosigkeit,
in ihrem Ausreißen aus dem Trott
der alten Leute, die ihr Leben längst
abgegangen und unverdrossen
weitermachen, weitergehen;

am Friedhof vorbei, wo irgendjemand
gerade das Tor zu den Toten öffnet.
Das Quietschen in den Angeln wird
von der Mauer geschluckt, allen Moder
kärchert das nächste Hochwasser.
Die Gräber werden neu zu richten sein.

Im Traum die schnellen Motorboote,
das laute Aufspringen von gesichtslosen
Menschen. Ihr fun, just for. Da war es
um hundertjährige Großväter geschehen.
Von Kieseln war die Rede und von weißen
Jungfrauensöckchen, von einem Deutschen Gruß.

Zum Aufbruch war ich das Eiland ohne Hast
abgegangen. Die Äpfel unter den Bäumen. Ob
sie weit vom Stamm lagen oder nicht? Wer bin
ich, dies zu entscheiden? Fallobst und faule Stellen.
Und unter der Bettdecke meines grauen Hotels lag
weder mein Großvater, noch mein Vater, nur ich.

Verlorenheit 3

Tetscha-Trilogie

> Das Atom ist in mich hineingesprungen.
>
> *Wolfgang Weyrauch*

Igor (1951)

Das Wasser des Flusses war immer die Grundlage unseres Lebens,
    meiner Vorfahren
Vorrat. Am Ufer, kleines Dorf ohne Bedeutung für die Welt, bin
    ich geboren.
Vater gab mir den Auftrag, Gottes Krieger zu werden. Ich schälte
    mich
aus der Muttermilch und fand schnell in die Gebete. Sie liefen die
    Kette
in meinen Händen auf und ab. Täglich holte Vater den Fisch aus
    dem Wasser
und bestellte das Land. Eines Tages kamen sie und entführten
    Gott. Wehklagen
richteten wir von unserem Mund abwärts in die Eingeweide. Wir
    schwiegen,
um zu überleben. Die Stummheit machte uns zu Fisch. Messer-
    scharf, sie warteten
auf die besten Stücke. Hunger, Elend waren meine Zieheltern, die
    mich ausgewachsen
in den Großen Vaterländischen Krieg entließen. Auch ich habe
    den Faschismus besiegt,
wir alle haben unsere Heimat wieder, Wiesen und Felder. Mein
    Samenkorn geht auf.
Ich rufe meine Söhne. Sie fragen: *Was ist mit dir los? Bist du*
    krank? Ich sage:
Weiß nicht, ich fühle mich schwach. Helft mir bei der Arbeit.
    Morgen wird es

besser sein. Keine Sorge. Sie ackern und ich setze mich am hellen
    Tag

in den Schaukelstuhl. In mir lauert der Tod, ich weiß nicht, woher
    er kommt.

Der Fluss muss es sein, er gibt das Leben, er nimmt es. Ich höre das
    Schlagen

der Wellen, es klingt wie immer, wie seit Jahrzehnten, auch die
    Toten könnten

keinen Unterschied feststellen. Die grüne Böschung im Sonnen-
    licht, die Sedimente

wandern flussabwärts. Doch das Wasser hält Lügen versteckt.

Ruslan (1995)

Zu meinem zwölften Geburtstag zäunten sie den Fluss mit Stachel-
  draht ein.
Wir fanden mit den Angelruten Wege ans Ufer. Die Flussmilizen
  gaben uns Verweise,
unsere Fische fanden den Weg in ihre Taschen. Gewohnheits-
  recht. Sie forderten
Wasserverzicht. Sie stellten Schilder auf. Sie kontrollierten das
  Leben, sagten: *Bruder,*
du darfst dieses Heu nicht ernten! Ich: *Wovon soll mein Vieh satt*
  werden? Wovon
soll meine Familie leben? Müdes Schulterzucken, Befehl! Auf uns
  lastete eine tonnen-
schwere Bürde: Trauer um verstorbene Brüder und Schwestern.
  Wir nannten es
die Flusskrankheit. Niemand half uns. Die Ärzte stellten uns
  Papiere aus, Zeugnisse
ohne Wert. Wir lebten weiter, ohne Nest, eingerissen die Schutz-
  haut
unserer Kindertage: Tauchen im Fluss, Lachen, Wasserspiele an
  Sommertagen,
hier kühlten wir unseren Mut. Perestroika gestaltet unser Leben.
  Was soll das bringen?
Die Wege bleiben die gleichen, zum Ufer und zurück. Die Gänse
  beklagen
das Verschwinden des Apparates nicht. Und die Fische dachten
  noch nie

an das ferne Nordpolarmeer. Kleine Freiheiten: barfuß durch die
    Wiese, der Grashalm
im Mundwinkel. Ich halte den Dosimeter an meine Heimat. Für
    mein Entsetzen gibt es
keine Maßeinheit. Ein Schwatz am Ufer reicht für die jährliche
    Maximaldosis.
Die Strahlung ist in unsere Körper eingedrungen, Entrinnen gibt es
    nicht,
so bleiben wir zurück in unserer Heimat, bereit für die wissen-
    schaftlichen Felder.
In Formalin träumen defekte Embryonen ihren Mutterkuchen.

Wladimir (2010)

Unser täglich Strontium-90 gib uns heute. Gott, er war einer der
    Ersten. Er starb
vor vielen Jahren an Krebs. Wir holen uns Fisch, Fleisch, Milch,
    Eier und Gemüse. Wir
müssen uns ernähren, haben nur dieses Land, diese Felder und
    diesen Fluss.
Vom sicheren Ende der Welt beobachten uns die Naturwissen-
    schaftler. Sie werten aus,
systematisieren, katalogisieren die Schmerzen. Zellhaufen, die sich
    erneuern oder
die sich nicht erneuern. Wir verdienen uns den Respekt als Ver-
    gleichsobjekte
für verstrahlte Hunde. Es geht um die Erkenntnis, ob die interne
    Strahlenbelastung
durch inkorporierte Nuklide im Körper kompensiert werden kann.
    Sie attestieren uns
ein Alleinstellungsmerkmal, taufen uns Flussmenschen mit dem
    Hang
zur Multimorbidität (weitere Merkmale: unglücklich und be-
    dauernswert).
Die Wahrheit lautet, dass Wahrheit immer noch nicht aus-
    gesprochen werden kann.
Karteileichen unter Geheimhaltung. Der militärische Komplex
    Russlands liegt
im Schlick der Staubecken verborgen. Wenn die Dämme brechen,
    muss die Ost-Ural-

Spur neu kartiert werden. Unsere Entschädigungen werden vor-
sorglich heute

schon gekürzt. Wir bleiben, weil uns nicht anderes bleibt. Hier
lebt das Bett, unter dem

das kontaminierte Wasser lagerte. Ich weiß, dass das Wort mein
Tod sein kann.

Doch wer unheilbar, fürchtet nicht den Staat und den Terror. Wer
unheilbar,

liebt das aufrichtige Wort, spricht es entschieden aus:

Der Tod ist ein Meister aus Majak!

Klassifikation der Wolken, Sommer 2015

Cumulonimbus

Die Woche beginnt mit feinem Sprühregen. Graue Wolken, der Julitag
sagt schon fast *Adieu.* Seit zwei Wochen flackert mein rechtes
Augenlid. Geduld werde ich üben, im Angesicht der neuen Ära.
Schockstarre, Angst dehnt sich über meinen müden Körper, näht
mir ihre Botschaft unter die Zunge, es tut weh, still lasse ich die Häme
tanzen, *du*, sagt sie über mir kreisend, *halt dich besser nicht fest am Un-
ausgesprochenen.* Wie am Verdacht einer Aphasie: vorschnell, voll-
    mundig,
die Diagnose, als du das Martinshorn nicht hörtest, nicht die Rotor-
    blätter,
als sie dich brachten ums Bewusstsein am langen Ende des Winters.

Cirrocumulus

Eine Autofahrt nach Offenbach. Ich, ein trauriger Passagier, suche unter
Fußmatten die Wetterrede: Banales, *schön heute*, ohne Belang. Wo
    sonst
meine brüchig-kalte Stimme verbergen? Ein Park auf der Anhöhe,
Infografiken des Wetterdienstes. Ein neuer Versuch, eine neue Sprache:
meteorologisch mit dieser phänomenalen Kostbarkeit namens *Albedo*.
Streit und Hässlichkeit im Rückenmark verhindern die Möglichkeit,
uns der Zuversicht zu nähern. Deine Augen matt, weichen zurück vor
der Schwere der Verletzung. Ich sehe sie ruhen. Dort ist kein Platz mehr
für anderes als Heilung, der ungeduldige Weg durch die Instanz
    Familie.

Altostratus

Mit einem Wolkenatlas in der Hand ist es ein Leichtes: Die Überliefe-
　　rung,
sie ist eine Lüge, keine Metapher! Und hängt dem Kind an wie Wurm-
　　stichigkeit,
wie Ostfront, erfrorene Füße, wie die Soldatenstiefel, wie *Deutsches
　　Schuh-*
museum, ein nie eingelöstes Versprechen. Die Wasserkraft, Flusskraft
geht durch Biografien. Den Dreck wegspülen und neuen Dreck an-
　　landen.
Welche Niederschlagsmenge kann ich tragen in meiner Mundhöhle?
Ruhe bewahren und Selbstkontrolle: Sedimente zwischen Zähnen
polieren sich eine kleine Welt ohne Lichtfächer. Darin du, ich nackt
　　im Moment
des freien Falls, voller Verlangen, unser Glück zu sichern.

Cirrostratus

Helikoptereltern, sagen Jugendforscher, *mehr Freiraum für Wolken-*
   bilder!
Du gehörst dazu, weil du in gerade Linie das Alltagsende verbindest
mit dem Landeplatz der Unfallklinik und hohe Wolken nicht schneidest.
Dieser Ort in deinem Gehirn bleibt unversehrt, anderes ist geborsten:
Urvertrauen. Wenn wir reden, kann uns nichts passieren. Blanker
   Horror,
der Gedanke an frische Brötchen, er gebiert Unachtsamkeit, einen Sturz.
Deine Zunge lahm und dick, die Nierenschale aus Pappe, der Schmuck,
Ohrring, Ring: *bis der Tod sich entscheidet.* Ich bleibe starr im Warte-
   bereich. Sie
justieren dir die Lebensmaschinerie, fein, präzise und geräuschlos.

Altocumulus

Eine Sonde vermisst die kritischen Regionen, der Druck bleibt kon-
   stant.

Ich solle es als gutes Zeichen nehmen, sagt der Assistenzarzt am
   Telefon.

Am Abend suche ich die Kinder, suche den Tiefschlaf: das Warum?

Am nächsten Mittag sind die Schläuche aus deinem Mund entfernt.

Dein Wille, du selbst zu sein. Jemand sagt nur, du hast dich selbst
   extubiert.

Unerwartet taucht der Logopäde auf. Er fängt sich die Rüge der
   Schwester ein.

Kittel an! Konventionen liegen ihm fern, er ist der Sprache wegen
   gekommen.

Wenn du mich verstehst, drück meine rechte Hand und nicke mir
   zu, plappert er

unbekümmert. Einige Tage später unser erstes Telefonat: sehr leise.

Nimbusstratus

Das Unglück im Glück sehe ich, fortwährendes Klipp-Klapp-Spiel. Wie
die Dinge sich plötzlich wenden, welch Glück, Unglück, Glück …,
daran entzweit sich unsere Sprache. Als der Tod Avancen macht,
    schlägst du aus.
Doch sein Potenzial steht zwischen uns. Es ist nicht das Wissen um
seine Existenz, es ist der Schock, der mich beherrscht. Gegen
den Verlust hast du immer angesprochen. Aber ich finde meinen Platz
    in
der Wetterfeuersage nicht: eilige Grafiken, die uns Zukunft vorgaukeln,
drei, fünf oder vierzehn Tage, plus ein Trend. Gar kein Wetter: Das
    haben
sie nie geschafft. Doch hätte ich beinahe daran geglaubt.

Stratocumulus

In der Astgabel der Schatten einer Wolke. Dem abgetrockneten Wald-
  boden
fügst du hinzu: *Ich höre, schmecke und rieche nicht. Warum spricht
  niemand*
mehr über sauren Regen? Diese Anspielung verstehe ich, denke: Der
  Verlust
hat keine Währung, sage: *Der Verlust ist keine Währung.* Immerhin,
  wir
wechseln wieder Worte. Noch fehlt Zutrauen in ihre Wirkung, aber
  etwas
sickert ein: Buchstabe, Zeichen, eine überarbeitete Grammatik für
Unaussprechliches. Ich lerne, Habseligkeiten in alten Beuteln zu
  horten,
darunter Sprache und Hoffnung. Ferner: die zehn Wolkengattungen.
Sie gelten universal. Ich halte mich fest an dir, an unserem Schatten.

Cumulus

Durch Wolkenreihen sehe ich, sehe das Wetter nicht. Fühle mich der
    Natur
ausgeliefert: Eis, Wasser, Dampf und *wirst du heute auf dem Leder-*
    sattel
deines Fahrrads einen Kopfstand machen? Verrücktheiten, winzige
    Selbst-
gespräche. Fluchtwege. Migränen. Du fährst in den Norden. Ich kann
dich nicht zurückhalten, an Steinplatten vorbei fährst du ins Rissige,
ins Ungewisse, derlei weit entfernt tropft ein Wort aus deinem Mund,
das mir wild im Ohr rauscht. Ich lege meinen Anspruch beiseite,
aus der Mode gekommen ohnehin, ausgebleicht. Mit entblößtem Bauch
den Tempel betreten, Leihgaben an Gott Krishna, dünnhäutig und mit
    blauer Demut.

Stratus

Verformt sind unsere Sinne, gläsern, bedroht, zerbrechlich oder schlaff.
Liebe, unsere Liebe, meidet die feinen, die hohen Töne. Du spürst
    mich heute
nicht. Morgen ertaste ich dir den tief hängenden Himmel. Er wird alles
in seine Watte packen. Ich werde dir erzählen, wie deine Lippen den
    Strohhalm
suchten. Kräftige Züge. Pause. Kräftige Züge. Pause. Kräftige Züge.
Quälend, diese Weile. Mein Blick auf das Mindesthaltbarkeitsdatum.
    Wir haben es
erreicht. Und überschritten. *Zeit für ein Encore.* Bei der Nachunter-
    suchung spüre ich
den grisgrauen Beton unterhalb des Helikopterlandeplatzes vibrieren.
Mein Kuss erreicht dich. Die Schatten sind entschieden kleiner
    geworden.

Cirrus

Wenn es zur Ausstellung kommt, *wird meine Seele dann zu einem*
    Exponat?
Ich schmunzele über den Gebrauch dieses Wortes: Alma. Feminin
    und rar
in meiner Sprache. Ich kann es mir selbst nicht mehr ausreden, ein
    Vöglein,
das durch die Atmosphäre fliegt. Ich sehe die Gefahr, stelle mich ihr.
Kein Drama, eben nur Feierabendkitsch an einem Fernsehfreitag
Wir müssen ihnen leider mitteilen, dass ... Ich empfinde keine Scham
    über
unsere Tränen. Bleiben wenige Zeilen für den Austausch zwischen
    meinem Mund
und deinem Ohr. Formt er Unverständliches, lausche den Wolken,
was sie dem Regen entgegenhalten. *Stabile Wetterlage, Sommer* und:
    Du bist!

Verlorenheit 4

Skudden im Aargau

Wie sie stehen
mit den Hufen im Gras,
die Mäuler herabgebeugt:
Man sieht ihnen den Ursprung
aus Ostpreußen nicht mehr an.

Die Stille zerpflücken sie.
Mit Kaubewegungen läuten
sie einen weiteren Arbeitstag ein,
den nassen Nebel streifen sie ab.

An den Hörnern tragen sie
das Siegel *seltene einheimische Rasse*,
in ihren Herzen die ewige Unrast.
Zuchttier, Fluchttier. Lieferanten für
Wolle und Fleisch. Der Schutzinstinkt,

es geht um die nächste Generation.
Die Masuren sind fremde Wiesen,
entfernte Herkunft. Als Dienstleister
fressen sie nun Kantonsgrenzen ab.

Milchkühe im Galopp

Wie die Lust an der Bewegung, jene versteckte
Autonomie der Muskeln in behäbigen Körpern,
auf grüner Sommerwiese Oberhand gewinnt,
nach den Tagen des Stalls, Tagen des Stillstands:
Der Rausch einer Freiheit ist kein geringer Irrtum,
ein leichter und behänder, eleganter Aufgalopp.
Schon am Morgen hatte sich Rahm über der Milch
abgesetzt, eine gemeine Fettschicht. Ich schüttele
Flasche und die Weide darin und die Kühe darauf.
Kommt zurück, rufen Kälber durch die Stalltüren.
Sie werden uns dem Markt ausliefern. Strom und
Gebrüll der getäuschten Mütter, Kopfstöße, Hörner,
die stoßen, schieben, beiseiteschieben, die Kinder.

Freikauf

Auf dem Mopedsattel
der Käfig: Dicht gedrängt
sind die Glücksbringer
billig in Kauf zu nehmen.
Die eine geübte Hand
übergibt den Mauersegler,
die andere nimmt den Dollar.
Du entscheidest, wann
das Tier fliegen darf.
Du spürst das Geflatter,
kleine Schläge, federleicht
in deiner Handkuhle,
die keinen Schutz bietet.
Du öffnest deine Hand
wie eine Lotusblüte.
Nach zehn Flügelschlägen
entleert es seinen Darm
und diese Scheißangst
verbäckt mit dem Asphalt
und dem schwülen Mittag.
Das Glück der Freiheit währt
bis zum nächsten Futterplatz.

Noor

Wochen später fand ich dein schwarzes Haar.
Du hattest es in unserem Bad zurückgelassen.
Wie es sich kräuselte auf den Bodenfliesen und
den Bewegungen des Wischtuchs widerstand:
mal arabisches Schriftzeichen, mal hebräisches.

Ich hatte dich nicht nach Diskriminierung gefragt.

Auf der Rückfahrt nach Haifa schriebst du,
Heimat sei nur der bestmögliche aller Orte.

Ohne Angel

für Yuri Herrera

Und reiße ich mir eine kleine
Partie, eine Kruste, nicht abgeheilt,
aus einem Meer aus Haut, flach, blass,
in Rot ufernd,
ahne ich nicht Schuppe,
noch Fischblut.

Die Angler beobachten,
wie sie zu Glubschaugen werden
und ihre Haken nach mir auswerfen,
in die Tiefe des Weihers.

Silbriges Schimmern der Angelschnur
im Gegenlicht.

Der Schlamm unsichtbar, färbt er
das Wasser, mit Sedimenten aufgestaut:
dunkel das Verlies der Verse.

Ich bin nicht anders
als Hechte, Barsche, Forellen,
beiße nicht an, vorerst.

Wenn das Eisen
dann aber doch ins Maul dringt,
der Widerhaken *Keine Wiederkehr*
ans kalte Hirn sendet,
feiern die Angler die zeitgenössische
Ästhetik ihres Erfolgs.

Sie werden mir den Bauch,
die Eingeweide,
aber das ist so allgemein bekannt
wie bester Buchenrauch.

Übrig bleiben verwehte Hautschuppen
und Wortfolgen, verfüttert
an Katzen und Pelikane.

Durchs Tor des Todes, Augusta Raurica

Ein Spaziergang im goldenen Herbst
entlang der Autobahn. Verkehrslärm
überlagert diese Stadt, deren Ruinen
unter dem Acker liegen und die Erde
dunkel färben. Überreste der Arena
in einer bewaldeten Kuhle. Der Weg
führt abwärts in das ehemalige Reich,
das gierig Blut, Brot und Spiele darbot,
sich im Oval dehnte zwischen dem Tor
der Lebenden und dem Tor des Todes.
Wo die getöteten, zu Tode gefolterten,
die von Wildtieren zerfetzten Menschen
ausgeschafft wurden, schlendern wir
durch das welke Laub, ohne zu spüren,
wie wir uns der Gegenwart entledigen.

Die Wasserläufer vom Glenealo

Mit den schnellen Bewegungen ihrer Beine
arbeiten sie gegen die Strömung,
lassen sich dann treiben,
ein kleines Stück nur, eine Fußlänge.
Wozu dieses Spiel,
dieser Kampf mit dem Wasser?

Es durchfloss das Tal schon zur Eiszeit.
An einem warmen Tag sei mir die Kälte
des Wassers dafür Beweis genug.
Leben und Sterben an Orten,
die Eremiten mit sicherem Blick auserwählten.

Später Friedhöfe:
schief stehende Grabsteine, eine niedergelegte Plastikrose,
heruntergefallene Eiskugeln, eine zertretene Waffel.
Es ist Sommer. Die Menschen strömen
zu den Ausflugszielen, für eine Auszeit,
einige Schnappschüsse, blind für die atemberaubende
Ausformung des Berges, seine perfekte Rundung,
seine steil abfallende Flanke ins Nichts, in den Tod,
den sie eilfertig und gedankenlos zertrampeln.

Die Wasserläufer spüren, ihre Zangenbewegungen
sind endlich. Bis sie abgetrieben werden, drücken
die Insekten kleine Dellen ins Wasser, ins Leben.

Memento mori

Er widmete sich hingebungsvoll dem Federkleid,
der abgewinkelten Schwinge des Vogels.

Ich aber hatte den Moment
gesehen, als die Augen sich eintrübten,
die letzte Zuckung den Körper durchfuhr.

Dann war es still, vor und hinter
der Glaswand, gegen die die Lerche
geprallt und dabei ihr Leben gelassen hatte.

Er suchte mich, mit Latein zu beruhigen
und allgemeinen Floskeln,
die mir den Schmerz nicht nehmen konnten.

Ich hatte das Sterben gesehen.
Ich war zwölf Jahre alt.
Ich hatte das Sterben gesehen.

Was ist der Tod dagegen?
Ein Nichts!

Bachdelta

Das Große wie das Kleine sehend bin ich
Sandkorn. Bin von der Strömung getrieben.

War in den Strudel des Lebens geraten und
wurde fortgerissen über unbekanntem Grund.

Am wässrigen Mund lässt der Fließdruck nach.
Ich lande an, wo das Bett breit, offen und träge.

Finde einen Halt unter der Wasseroberfläche,
werde Teil des Schwemmkegels, der Illusionen

einen sonnigen Platz einräumt: Amazonas oder
Nil? Welche Flüsse hätten mir offengestanden?

Bald, nach Guss, nach Wolkenbruch, wittert
ein gemeiner Gedanke das schnelles Geschäft.

Ich falle über die Kante in den zeitlosen Teich.
Der Winkel ist steil, unumkehrbar und tödlich.

Étienne de Silhouette, eine Tilgung

16. Januar 1767

Er spürt seinen nahen Tod. Die Demütigungen lasten
schwer auf ihm, hartnäckiger als er je befürchtet hatte.
Die Lichter der Aufklärung – Les Lumières – flackernde
Kerzenstummel im Luftzug der Nacht, der durch Ritzen
dringt. Er greift einmal noch in seine Bibliothek, zieht
einzelne Schützlinge hervor, tastet zart, nimmt Abschied
von Schriften, seinen Übersetzungen, von reichen Tagen,
gebeugt über seinem Schreibtisch, das Kratzen der Feder,
das Schaben seiner Wirbel – dem Papier Adieu sagen,
dessen Widerborstigkeit, seinem Willen zu widerstehen,
ihn stets mehr beeindruckte als die Bereitschaft der Frauen,
sich hinzugeben und mit der Zeit ausgelöscht zu werden.
Sie haben über ihn gelacht, ihn einen Langweiler, Geizhals
genannt, während sie sich ihre Schmuckdöschen puderten.
Spitze Schreie, die Frivolität, Intrigen, das korrupte System
der Mätressenwirtschaft à la Madame de Pompadour.
In ihm, der opulente Ölporträts nicht an seinen Wänden
wissen wollte, dem Schattenrisse ausreichend tröstlich,
sahen sie nichts weiter als eine Witzfigur, verbannt aus
dem höfischen Machtapparat. Eine Schattenexistenz war
im Schloss Bry-sur-Marne zu führen erlaubt. Scherenschnitt
einer aufgeblähten Gesellschaft, die sich selbst genügt und tilgt.

10. Oktober 1999

Er hat sich von einem Künstler anwerben lassen für

Another Misspent Portrait of Etienne de Silhouette
[Christian Capurro]

Mit einem Radiergummi Marke Staedtler 'Mars Plastic'
(65 x 23 x 13 mm)
Premiumqualität für erstklassige Radierergebnisse
Geringe Krümelbildung
soll er eine Seite (eine von zweihundertsechsundvierzig Seiten)
des Vogue Hommes Magazins September 1986, #92 ausradieren.

Der Radierer liegt gut in der Hand, beste deutsche Handelsware!
Zuerst löscht er die Farben in einer zeitaufwändigen Prozedur.
Dann werden die Konturen schwächer, bis zur Unkenntlichkeit.
Über dieses Stadium hinaus, so die Anweisung, solle er arbeiten,
bis jegliche Erinnerung an Form und Inhalt geglättet, eingeebnet.
Zurück bleibt altweißes Papier. Ein verbrauchtes, weißes Blatt.

Darauf notiert er seine Arbeitszeit in Stunden
und – verbotenerweise – ein kleines Gedicht:

scancelât par simpi
[Leonardo Zanier]
ausradiert für immer
[Flurin Spescha]

Mit gefräßigem Schaben lauert
Ungeziefer in der Hirnborke,
um aus dem Mund zu wachsen.
Chitinpanzer stören.
Coventry stürzt.
Immer, spurlos.

04. Juli 1759

Früh am Morgen sitzt er über seinen Papieren. Wie der Etat
solide geplant werden kann, um seinem König den Krieg
zu finanzieren – die klamme Kasse verheißt Pleite, mehr als
zweihundert Millionen Livres fehlen für einen ausgeglichenen
Haushalt, und schlimmer als dies: Kapitulation und Frieden,
ein feiger, ein falscher Frieden, den Adel und Hochfinanz
niemals akzeptieren werden – darüber sinnt er nach, schreibt
Ziffern auf einen großen weißen Bogen. Bis zum Abend wird
er Zahlenkolonnen gestrichen und wegradiert haben, neue Suche,
neue Versuche auf dem gleichen Blatt, doch es geht nicht auf.
Die Lücke bleibt. Soll er das System der Steuerpacht fortführen?
Seine Loyalität steht auf dem Prüfstand. Er hat das Finanzsystem
der Engländer studiert. Er sieht, wie das dekadente Lotterleben
am französischen Hof schon deutlich Richtung Untergang weist.
Sie amüsieren sich. Er aber arbeitet hart (nur um später drei Tode
zu sterben: die Verachtung, die Entlassung, diese Einsamkeit).
Er nimmt sich den Feind zum Vorbild, plant eine Besteuerung
der Reichen und Privilegierten. Er ist felsenfest davon überzeugt:
Alle müssen nun ihren Anteil leisten, um den Staat zu stützen.
Er schreibt eine letzte Kalkulation aufs Papier, das, der Rechnerei
müde, dünnhäutig geworden im Laufe eines langen Arbeitstages.

12. Februar 2022

Er arbeitet für eine Künstlerin. Er recherchiert Übersetzungen,
besser: sucht Menschen, die den Satz für ihn in fremde Sprachen
übertragen. Es sind ungefähr 7000 Möglichkeiten minus der einen,
Deutsch. Stirbt mit der Mutter auch ein Teil der Muttersprache?
Welches Wiegenlied sang sie ihm zart und leise zur Abendstunde?

Verschwinden Wörter, Sätze mit dem Tod? Er hatte keinen Abschied
nehmen können und sucht jetzt nach einem Wort, das sie beide
für immer verbindet. Er wehrt sich vergeblich gegen das Vordrängen
eines Wortes: die Schattenexistenz.

Die Nacht ist der Schatten der Erde.

[Johann Leonhard Frisch]

La nuit est l'ombre de la terre.

[Vera Röhm]

Er korrigiert: La nuit est l'ombre de la mère. Nicht ins Sonnenlicht
treten, Dunkelheit der Nacht, Kühle des Schattens, dort verharren,
das Leben der Anderen beobachten, während die Schatten wandern:
Untote, die in der Ahnenreihe vor uns kommen, uns stetig umkreisen.

Nayra = eye, sight, front

[Nicholas Evans]

Eine Umkehrung der Blickrichtung. Ihm gefällt die Logik der
    Aymara:
Nach vorne schauen sie in ihre Vergangenheit, denn sie liegt gut
    sichtbar
vor ihnen. Hinten beschreibt das Unsichtbare, Unbekannte, die
    Zukunft.
Wie man es auch dreht und wendet: Dem Kopf Bewegung gönnen
    und
die Schatten, Silhouette des Todes, den Sensenmann im Auge
    behalten!

29. August 1737

Verwirft den Anspruch endgültig: Für die Übersetzung von Pope
muss er das Versmaß unberücksichtigt lassen. Eine Prosafassung
wird er fertigen, die die Gedanken des Engländers frei und gut
verständlich fasst: *L'étude propre de l'Homme est l'Homme.*
Es ist ihm nicht gelungen, gleichermaßen Inhalt und die Form
unbeschadet ins Französische zu tragen, unzählige Male hat er
das Papier bekritzelt, Teile hin- und hergeschoben, Streichungen,
Ergänzungen, hat Synonyme gesucht, Reimpaare gefunden und
verworfen. Dennoch lässt er nicht ab. Popes Lehrgedicht ist extra-
ordinaire: ein geniales Essay über den Menschen im Age of Reason,
emanzipiert, unabhängig von der göttlichen Instanz und vor allem
von der Institution Kirche. Mehr noch: versierte Lyrik, die
    Schöpfung
und Vernichtung, die die Tilgung der Welt in Metrum, in Melodie
    fasst.

> Who sees with equal eye, as God of all,
> a hero perish, or a sparrow fall,
> Atoms or systems into ruin hurl'd,
> And now a bubble burst, and now a world.
>
> [Alexander Pope]

Er wird noch einige Jahre in England verbringen, bevor er
nach Frankreich zurückkehrt als kühner Geist der Aufklärung,
der aufbegehren wird gegen die

alten zeichen des heimathafens.

[Sarah Rinderer]

Verlorenheit 5

Till

für André Schinkel

Wir gehen los,
Meister und Schüler,
lassen Gottesäcker hinter uns,
halten uns nordöstlich,
der letzten Eiszeit entgegen.

Du sagst:
Korngröße
zwischen megalithisch und feinsandig,
ist der Gletscher eine scharfe Zunge,
die aufreißt, mitreißt,
Boden anhebt, faltet, auftürmt,
Rinnen schürft
oder
glättet, schleift, ebnet
oder
alles nur vor sich herschiebt
und geschehen lässt.

Ich höre zu und latsche
unbedacht in die Tiefe der *Bodenkunde*.
(Na ja! Eine Wasserpfütze mit trübem Grund.)

Du lachst, mahnst zur Geduld.

Ich repetiere mein hastig erlerntes Wissen,
unterscheide Grundmoräne von Endmoräne,
schätze das Urstromtal an der Breite der Ebene ab.

Du nickst.

Ich drücke die Last meiner Existenz,
Schritt für Schritt, in den Boden, in die Erde,
in die Schicht, die uns nährt, die uns erhält,
die zu ergründen ich nun begonnen habe.

Du aber gehst wortlos über die Kuppe.

Als ich dir nachfolge,
bist du wie jegliche Eisschilde verschwunden.
Die Vorlesung ist beendet.

Eine erste Übung:
Korunde (Steine, Sande) aus dem Schuhprofil polken
und an neuen Krumen dichten.

In der Bauchfellnische

Tag davor

Ich sitze auf dem Bett.

Ich starre aus dem Fenster.

Ich spüre die Kälte draußen.

Ich nehme das Abführmittel.

Ich bereite mich vor.

Ich lege das Buch weg.

Ich warte auf den Anästhesisten.

Ich gehe auf die Toilette.

Ich leere den Darm.

Ich wasche mir die Hände.

Ich stelle keine Fragen.

Ich sehe auf die Uhr.

Ich bereite mich vor.

Ich gehe im Zimmer auf und ab.

Ich setze mich aufs Bett.

Ich stehe wieder auf.

Ich gehe auf die Toilette.

Ich leere den Darm.

Ich wasche mir die Hände.

Ich verabschiede den Tag.

Ich erwarte die Nacht.

Ich suche den Schlaf.

Ich gehe auf die Toilette.

Ich leere den Darm.

Ich wasche mir die Hände.

Ich funktioniere.

Tag 0

Mit dem Narkotikum im Körper liege ich schon
neben meinen Körper. Alles was geschieht, geschieht
meiner Doppelung, Doppelung, nicht mir, nicht mir.

Der Körper wird gefragt, was er zum Frühstück hatte.
Kontrollfrage zur Feststellung der Nüchternheit. Nada.
Antwort korrekt. Sie liften den Körper auf den OP-Tisch.
Geschäftigkeit am Morgen. Der erste Körper des Tages.
Einer drückt unsanft die Sauerstoffmaske aufs Gesicht.

Dann hat der Körper Pause.
Pause.
Pause.
Mehrere Stunden Pause.

Im Aufwachraum will
Körper aus der Lethargie raus.
Kopf kreist durchs Delirium.

Zurück im Zimmer
legen sie mein Ich neben den Körper und warten ab.
Ich kehre zurück.

Später veratme ich stechende Schmerzen mit Vokalen.
Aaron, aller Anfang angelt Angst am achten Abend ...
Jetzt die Nacht mit Alliterationen durcharbeiten.

Tag 1

Später werde ich einem Freund sagen,
Poesie kann dir den Arsch retten.

Wahrscheinlich aber hilft eher das starke
orale Schmerzmittel, das nach drei Tagen
wieder abgesetzt werden muss, bevor
Körper, Kopf in Abhängigkeit gerät.

Die leitende Schwester bietet es mir an.
Ich zögere nicht.
Die Wehen der letzten Nacht waren heftig.

Die Operationsnarbe,
die Wunddrainage,
der Katheder,
sie nehmen sich etwas, etwas zurück.
(Die Doppelungsgefahr ist noch nicht ausgestanden.)

John Glendays Zeilen klingen mir sanft im Ohr:
Not one of us will live forever –
the world is far too beautiful for that.

Tag 2

Der Pflegeschüler kommt aus Ahwaz im Iran.
Er ist im Herbst nach Deutschland geflohen und
hat vor einigen Wochen seine Ausbildung begonnen.
Er ist freundlich, ja ausgesprochen höflich, immer.

Er stellt mir das Mittagessen hin. Vollkost anstelle
Schonkost. Da der Blocker alle Körperfunktionen
annähernd, wie auch den Schmerz, lähmt, ist es
nicht ratsam, das Verdauungssystem so zu belasten.

Ich kann mich hinter einem kaputtgesparten System
verstecken oder Eigenverantwortung übernehmen.
Ich stochere nur mit der Gabel im Teller herum.
Woher ich diese Disziplin nehme, weiß ich nicht.

Tag 3

für Zsusza Bánk

Das Höchster Klinikfenster,
es ist zu meinem möglichen Vorteil
öffenbar. Ich feixe: offenbar öffenbar,
offensichtlich, öfters weit offen stehend,
Winterluft einlassend und den Exit verkürzend.
Ein alter Fensterflügel im achten Geschoss,
der mir eine gnädige Alternative lässt.
Mit drei Schritten, Boden, Stuhl, Fensterbank,
die Brüstung überwinden, mich in die Tiefe
des Lebens stürzen. Ins Leben stürzen!
Ein letztes Mal, der Angst ausweichen,
(diese Angst, die Angst nicht aushalten zu können)
und trotz guten Prognose an der Angst zerbersten.

Immer noch flutet mich der Schmerz.
Ihn zu dämpfen, ist mir jedes Mittel recht.

Nur ein gedankliches Szenario, diese drei
Schritte. Gehversuche, nach zwei Schritten
zurück ins Bett, so labil ist mein Kreislauf.
Die Brüstung bleibt bis auf Weiteres tabu.

Doch es entgeht mir nicht. Die Fensterbank ist
gebrochen. Denke mir: Es ist schon jemand
aus diesem Fenster ausgestiegen, entkommen.
Das tröstet, weist den Weg aus dem Schmerz.

Tag 4

Ich soll endlich aus dem Bett rauskommen.
Die Tage der ganz starken Schmerzen, sagt
das Protokoll der Fallpauschale, sind vorbei.
Dazu mache ich mir meinen eigenen Reim.

Sie geben mir ein Abführmittel, aber der Weg
zur Toilette ist sehr weit, zehn Meter oder so.
Wie soll ich das schaffen? Toilettenstuhl oder
Bettpfanne sind verheißungsvolle Alternativen.

Instrumente des Klinikalltags, sie gebieten
Nacktheit und eine verordnete Schamlosigkeit.
Als mir eine Bettpfanne im letzten Moment
durch eine Pflegeschülerin angereicht wird,

treten in diesem Drama folgende Personen auf:
die Psychoonkologin, die Physiotherapeutin
(die mir Beine machen soll!), die Essensplanerin,
der neue Bettnachbar (liegend) und der Statist.

Grandioser Einsatz, mein mir zugedachter Text:
Jetzt ist gerade schlecht. Sie nicken, verbleiben
aber im Zimmer. Ein Missverständnis der Rollen-
verteilung: Ich bin fürwahr nicht der Protagonist.

Tag 5

Meine Schritte, ich habe sie wieder, hurra!
Ich bewege mich, vorerst zum Waschbecken.
Zähneputzen nach wie vielen Tagen, Nächten?

Das Bad, die Toilette, noch kein Katzensprung,
aber machbar. Auf dem Boden im Vorraum
ein kleiner Blutfleck in Form eines Herzchens.
Er wird sich über Tage tapfer halten und den all-
täglichen Wischattacken der Reinigungskräfte
widerstehen. Wessen Blut ist es? Ich freue mich
über solche Details. Sie machen diese Effizienz-
maschinerie angreifbar und so viel menschlicher.

Dankbarkeit, Demut sind Worte, deren Sinn ich
füllen kann in den anstehenden Tagen. Positive
Energie beschleunigt die Heilung, mein Mantra.

Tag 6

Mit dem Eintreten der Entourage beginnt sie,
ohne Vorahnung, ohne Vorwarnung: die Krise.
Man hatte mir ständig signalisiert: Alles bestens!
Was soll mir nun noch in die Quere kommen?

Das Ergebnis der pathologischen Untersuchung
des entnommenen Gewebes einschließlich der
Lymphknoten wird erst morgen vorliegen. Erst
dann wissen wir, ob das Karzinom gestreut hat.

So viele Worte macht der Oberarzt nicht, ich
muss schon einiges dazudichten, um die frisch
eingeworfene Unsicherheit einzufangen, bevor
die Angst davongaloppiert. Komme bis zur Nacht.

Dann durchdringt mein Nachbar die Grenzen
der Psychohygiene. Er durchbricht Schutzwälle.
Er kommt mir zu nah. Er sitzt auf seinem Bett und
beobachtet mich. Schnaufend wie ein Kindheits-

monster, das mich in Alpträumen aufschreckte.
Ich fliehe, kann aber nicht die restliche Nacht
den Korridor der Station, circa achtzig Schritte,
durchschreiten. Ich will Frieden und Heilung.

Tag 7

Die letzte Nacht war eine Gesundheitsgefährdung.
Dieser Satz kommt bei der Visite über meine Lippen.
Ich bin so stolz, dass ich meine Not adressieren kann.

Nicht noch eine zweite Nacht mit diesem Horror!
Nicht noch eine zweite Nacht mit dieser Angst!
Nicht noch eine zweite Nacht mit diesem Patienten!

Am Nachmittag, mein Nachbar wurde nach Hause
entlassen, das zweite Bett frisch bezogen, verwaist,
überbringt eine Assistenzärztin die Entwarnung:

K-E-I-N-E Metastasen – welch erhofftes Geschenk!

Tag 8

Nach der Dichtigkeitsprüfung der neuen Verbindung
(Fachwort: Anastomose) macht ein Eimer mit Deckel
Karriere. Nun steht er uneingeschränkt im Mittelpunkt
und darf meine Vorlagen sammeln. Immer zehn Stück,
dann ab zum Wiegen. Feucht- minus Trockengewicht
ergibt die Menge des Urins, die aus meinem Blasenhals
über die Harnröhre unwillkürlich in den Zellstoff läuft.

Bei mir: tropft, *ach was, Doctores*, tröpfelt, wenn über-
haupt. Es läuft nicht alles so, wie es im Lehrbuch steht.
Doch Nachfragen versacken. Ich sage nicht: Ich kann
nicht pissen. Ich ignoriere den Eimer, lasse ihn un-
gefüllt neben mir stehen. Ich sage: Zum Melken gehe
ich auf die Toilette. Mir läuft der Urin über die Finger.
Wenn der Krebs überwunden, darf ich darüber reden?

Tag 9

r* 21.01.2021
REBORN – Wiedergeburt

Herausgepresst aus dem Unterleib Klinikum
(Gebärmaschine, für die, die es geschafft haben)
gehe ich, den Rollkoffer hinter mit herziehend,
an der Anmeldung vorbei Richtung Ausgang.
Meine Schritte sind vorbestimmt. Ich brülle
(lautlos, wie es sich für Entlassene geziemt):
Ich will hier nicht raus! Ich will drin bleiben!
Doch die Nabelschnur der Versorgung reißt
mit der Wucht der Schmerzmittel, die mich
tagelang in meinem vorherigen Leben hielten,
als die Automatiktür sich hinter mir schließt.

Ich werde erwartet.
Von Neuem.

Tage danach

Ein kleiner Fuchs möchte ich sein,
eingerollt in seinem Bau, in einer Nische
aus Bauch und Fell, so sehr bedarf ich
eines Schutzes, den mir keiner zugesteht.
Schlafen möchte ich, ruhen und zehren
von guten Momenten, die es gab.

Mich nähren die zwei Zeilen Poesie der Endlichkeit.
Und die Schönheit.

Doch sie zerren an mir. Stecken Schläuche
in mich, ziehen sie raus. Dazwischen läuft
mein Leben in tagesaktuell gefüllte Beutel.
Ich kann in Millilitern gemessen werden,
ärger noch: Ich selbst beginne, mich
in deren Einheiten zu vermaßen, trage
die Ergebnisse in selbstbeschränkende
Tabellendokumente ein, die ich ohne Scham
bei Visiten und Kontrollterminen vorlege.

Eine blasse Erinnerung, meine unversehrten
Worte, kleingeschriebenes Hoffnungstestat
ausgestattet mit holprigem Zeilensprung:

mit riesigen pinseln
male ich
die pläne für den neuen tag
auf meinen körper
fast unglaublich
wie sich meine haut
über die bunten farben freut

ich lebe auf
und
bin voller zuversicht:

morgen wird
kein regen
stark genug sein
die farbe der ausgelassenheit
von mir abzuspülen

Ich öffne die Augen, schüttele meinen Kopf,
schüttele mein rötliches Fell. Ich rieche
den Tag außerhalb meiner Höhle.

Die gestaute Flüssigkeit soll durch ein Fenster,
das nicht eingebaut wird. Skalpell-Werkstätten,
sie bleiben für unsereins über Wochen geschlossen.

Dieser Satz, eher zufällig hingeworfen,
gibt mir nun doch Zuversicht, Trost:
Ich bin nicht allein. Es gibt noch mehr Welpen.
Mit dieser Gewissheit lebe ich gut fensterlos.

Du fragst, wer mir erlaubt hat, so schamlos
aus dunkler Nische heraus über mich zu sprechen?

Ich gebe dir darauf keine Antwort.
Ich muss damit leben.

Penthesilea

für Wieland Förster

Penthesileas Traum

Wir werden ausbrechen, Liebster!
Mit dem Knechtstock ihrer Erwartungen
können sie uns nicht fesseln.
Wir sind frei. Und die Hälfte ist dir
von dem, was mein Herz bislang trug,
an glühendem Verlangen zu teilen,
ein Leben in zweien. Siehst du
meinen Fluchtpunkt? Entfaltet sich
das Kommende so großartig vor deinen
Augen wie vor meinen? Nicht
gibst du mir den Samen, damit ich
gebäre einen Sohn, den zu töten
meine Erbschuld ist. Pflicht will ich
es nicht nennen. Da ich deinen Körper
spürte, wurde ich weich und weit,
sah mehr, als mir zu sehen gelehrt.
Der Kampf, welch schrecklicher Irrtum
er uns Menschen immer bleiben wird.

Penthesileas Erwachen

Die Stille, diese unheimliche Stille
nach dem Blutrausch.
Mein Ertasten der Wahrheit:
Ich ließ mich alleine führen
von der Rolle, die mir zugedacht.
Ich, doch nur eine Folgsame,
eine sich in ihr Schicksal Fügende,
nichts weniger als verraten habe ich dich.
Es ging nicht um die Stärke eines Geschlechts.
Leidenschaft habe ich mit Leiden gepaart.
Sprache der Metzelei, ich will dir die Zunge
abtrennen und um seine Umarmung flehen,
stumm und zur späten Unterwerfung bereit.

Penthesileas Narben

Wo wir verbunden einst, spreizen sich
unsere steif gewordenen Körper. Nur
das Geschlecht, das wir in die Welt
entließen, bindet uns. An ein Wort,
das wir uns gaben, an eine Fürsorge,
über die wir die Liebe leichtfertig
aus der Hand gaben. Wir schufen
ein stabiles Dreieck aus Vertrauen,
Pflicht und allzu vielen Verletzungen.

Penthesileas Ansage

Schau dich an, Achill!
Siehst du darin uns? Mich?
Nein?
Frage mich,
warum ich dich getötet habe.
Ich antworte alsbald,
da ich dir begegne.

Verlorenheit 6

Moos

In Nischen, Moderholzwildnissen, verschont
von Ordnungsdrang und Marktberechnungen,
öffne ich mich und kann über meine Herkunft
sprechen: Ich wurde in einem Wald geboren.

Dieses Glück ist keine Metapher, abgenickt
und wortlos durchgewunken. Das Leben ist
kein Polster, von Menschenhand gestochen,
keine Spirale in gepflegten Eigenheimgärten.

Ich lege meine Teppiche in Grün an, wachse
am Boden vielschichtiger Sanftheiten und
souffliere dem Regen die Bedingungen für
die Erfüllung meines biologischen Auftrags.

Ernähre mich aus dem Niederschlag, räubere
kleine Zuckervorräte aus veratmeten Worten,
überziehe Körper mit hydrophilen Coatings,
bezeuge das Werk der Pilze und der Insekten.

Einmal eingedrungen und Halt gewonnen,
nehme ich in Besitz und verarbeite Sätze
vom Glück und seinen hässlichen Kumpanen,
verlegte Hoffnungen, verlebte Tage, Curricula.

Wenn verbrauchte Buchstaben morsch werden,
ist Frühjahr und ich lege meine Zungen aus.
Die alten Herren ziehen ihre Schultern ein.
Wortstammfäule wird ihnen diagnostiziert.

Nachhall der bellenden und beißenden Hunde,
er steckt in aufgelassenen Stümpfen, Wunden.
Farne entrollen neue Gebetsfahnen und greifen
nach Jungbuchenwald, meiner kleinen Lichtung!

Ein Schaffen neuer Räume, ein Überschreiben.
Palimpseste. Dem Nebel wieder das Wort
Nebel schenken, die Nacht Nacht sein lassen,
Nacht und Nebel in der Erinnerung bewahren.

Jemand hat die Sporenstiele abgeknickt. Von Hand.
Dieser Teufel kann nur an seiner dumpfen Rohheit
gescheitert sein. Ich fand ihn schwer auf mir, tot.
Gleich begann ich meine Arbeit, kartierte ihn, maß.

Zog ihn tiefer ins nahe Laubbett, letzte Ruhestätte,
zur Okkupation seiner Körperöffnungen: Mund,
Nase, Ohren. Für die Besiedlung einer Harnröhre
brauche ich etwas länger. Im Aminosäurebad,

Erdfilter, bleibe ich. In meiner Mulde. Das Feld
zu verlassen, ergibt keinen Sinn. Ovamutationen,
neopythische Crossover, Samengemenge: Patente
verhindern ist Pflicht! Ich gebe mein Leben nicht!

Diesen einzigen Reim statte ich aus mit Fäulnissen.
Das erregt Ekel, hält die Jäger mit ihren Moosangeln
auf Abstand. Nur einem heimatlosen Dichter erlaube
ich die Zone. Er fahndet nach Wortsinn, bleibt stumm.

Personenregister

Hans-Ulrich Treichel (* 1952):

Deutscher Schriftsteller, Zitat aus: *Heimat und Heimatlosigkeit,* in: Alexandra Sorbello Staub *Hans-Ulrich Treichel, Begleittext zur Ausstellung der Stadt- und Universitätsbibliothek Frankfurt am Main, 12. Januar–29. Februar 2000,* in: *Der Verlorene. Text und Kommentar,* Suhrkamp BasisBibliothek 60, Frankfurt am Main 2005.

Daniel Schreiber (* 1977):

Deutscher Autor und Journalist, lebt in Berlin, Zitat aus: *Zuhause. Die Suche nach dem Ort, an dem wir leben wollen,* Hanser Berlin, Berlin 2017.

Angelika Overath (* 1957):

Deutsch-Schweizer Schriftstellerin, lebt in Sent, Unterengadin, Schweiz. *Alle Farben des Schnees. Senter Tagebuch,* Luchterhand, München 2010.

Wolfgang Weyrauch (1904–1980):

Deutscher Schriftsteller. Das Epigraph ist dem Hörspiel *Die japanischen Fischer* von 1955 entnommen.

Werner Dürrson (1932–2008):

Deutscher Schriftsteller. Das Epigraph stammt aus dem Gedicht *Randerscheinungen,* in: *Kattenhorner Schweigen,* Edition Drumlin, Weingarten 1984.

Yuri Herrera (* 1970):

Mexikanischer Schriftsteller. *Abgesang des Königs.* Roman, Deutsch von Susanne Lange. S. Fischer, Frankfurt am Main 2011.

Étienne de Silhouette (1709–1767):

Französischer Generalkontrolleur der Finanzen unter Ludwig XV.

Christian Capurro (* 1968):

Australischer Künstler, Fotograf und Filmemacher.

Leonardo Zanier (1935–2017):

Friaulischer Dichter, Gewerkschafter und Kulturvermittler. Zitat aus: *A Merletti Renato*, in: *Spuren/Usmas*, Wieser, Klagenfurt, 1994.

Flurin Spescha (1958–2000):

Schweizer Schriftsteller, Publizist und Übersetzer. Zitat aus: *Für Merletti Renato*, in: *Spuren/Usmas*, Wieser, Klagenfurt, 1994.

Johann Leonhard Frisch (1666–1743):

Deutscher Natur- und Sprachforscher, Entomologe, Autor des Teutsch-Lateinisches Wörter-Buches.

Vera Röhm (* 1943):

Deutsche Künstlerin, umfassendes bildhauerisches und fotografisches Werk. Seit 1985 arbeitet sie am Werkkomplex *Die Nacht ist der Schatten der Erde.*

Nicholas Evans (* 1956):

Australischer Sprachwissenschaftler, Hochschullehrer und Autor des Buches *Dying Words: Endangered Languages and What They Have to Tell Us.* Blackwell, Oxford, England 2009.

Alexander Pope (1688–1744):

Englischer Dichter und Übersetzer. Autor des Gedichts *An Essay on Man.*

Sarah Rinderer (* 1994):

Österreichische Dichterin und Künstlerin. Zitat aus: *o (grün / 281° – 294°).*

André Schinkel (* 1972):

Deutscher Schriftsteller und Archäologe. *Bodenkunde.* Gedichte, Mitteldeutscher Verlag, Halle (Saale) 2017.

John Glenday (* 1952):

Schottischer Dichter, Zitat aus: *Yesnaby*, in: *Grain*, Picador Poetry, London, 2009.

Zsuzsa Bánk (* 1965):

Deutsche Schriftstellerin. *Sterben im Sommer.* S. Fischer, Frankfurt am Main 2020.

Wieland Förster (* 1930):

Deutscher Bildhauer. Penthesilea I–IV, Bronzeplastiken vor und im Kleist-Museum, Frankfurt (Oder).

Danksagung

Herzlichen Dank dem Hessischen Ministerium für Wissenschaft und Kunst (HMWK) für die Gewährung eines Arbeitsstipendiums zur Fertigstellung des Manuskriptes.

Ich bin sehr dankbar für die Anstöße, die die im Register genannten Personen mir durch ihre Werke gegeben haben und damit mein Schreiben und mein Leben bereichert haben. Ich danke insbesondere Sarah Rinderer und John Glenday für das Vertrauen, Zitate aus ihren Werken in meinen nutzen zu dürfen.

Den schreibenden Kolleginnen und Kollegen, die, in nah und fern, sich zwischen *Heimat und Heimatlosigkeit* bewegen und meine Suche nach Sprache unterstützt haben, danke ich von Herzen. Der Austausch mit ihnen ist sehr wertvoll. Freundinnen und Freunden meinen Dank fürs Zuhören, wenn ich sprechen konnte, für ihre Geduld, wenn ich schwieg. Dank an meine Familie.

Einen besonderen Dank den Ärztinnen und Ärzten, Pflegern und Pflegerinnen der BG Unfallklinik Frankfurt am Main und des Klinikums Frankfurt Höchst, ohne deren gute Arbeit vieles nicht möglich gewesen wäre. Das Leben hängt manchmal an einem dünnen Faden. Leicht, ihn zu durchtrennen, schwieriger, wesentlich aufwändiger, ihn zu erhalten und zu kräftigen.

Inhalt

76. Band der edition offenes feld